빈 배

문학고을시선 · 26

빈 배

초판 1쇄 발행 | 2024년 11월 25일

저 자 | 황성룡

펴 낸 곳 | 도서출판 문학고을
펴 낸 이 | 조진희
편 집 자 | 조현민
주소 | 경기도 부천시 오정구 성곡로 16번길 7 (여월동) 901호
서울사무실 | 서울시 강남구 학동로38길 38 (논현동) 204호
전화 | 02-540-3837
이메일 | narin2115@naver.com
등록 | 제2020-111176호

ISBN 979-11-92635-27-9 03810
정가 12,000원

ⓒ 황성룡, 2024

* 이 책의 판권은 지은이와 도서출판 문학고을에 있습니다.
* 잘못된 책은 구입처에서 교환해 드립니다.

문학고을시선 · 26

빈 배

황성룡 시집

문학 고을

| 시인의 말 |

사연없는 이 없고 가슴에 저린 들꽃
한송이 품고 가지않는 이 없다
시간속에 묻으며
걸어온 과거의 회한에
흐린미소로 돌아보지 않는 이 없다
되돌리고픈 사연도 다있다
지난하게 걸어온 시간
누구에게 희망하나 이기나 했는지
흔들리며, 미소 지으며, 감사하며, 아리며 써온 글
사연 함께한 사진 한장
그냥 삶
그냥 살아감의 꿈
그냥 누구에게 인가 보내는 가슴의 편지
남아있는 시간
이 땅의 산자들과 손을 잡고
함께 걸어갈 수 있기를 소망하며
감사드립니다.

2024년 빈땅에서

황성룡 드림

|목차|

5	시인의 말
12	빈 배
13	소망 2
15	함께 행복의출구를 열자
17	점
19	평화
21	잡초
23	고향
25	소망 1
27	소망 3
29	소망 6
31	소망 5
33	소망 8
35	소망 9
37	내려놓기 II
39	명절 꿈
41	겨울 편지
43	소년의 미완
45	하얀 벽 I
47	미완
49	우수 1
50	들판 끝
53	하얀 벽 II
55	꿈
57	내일
59	꿈 1
61	바보 3

63	봄
65	희망
67	감사
69	12시
71	봄으로
73	홀로 아리랑
75	피안
76	흔들려도 가야 한다
79	외줄
81	봄의 점
83	국화
85	머나먼 봄
87	퍼즐 맞추기(2002)
88	축사(도시재생협의회)
89	보내는 바다
91	바다
92	축사(대한민국 전통서각 명인전)
93	2014. 6
95	저녁의 승, 패
97	빈 밤
99	존재 4
101	이별
103	꿈
105	회상 Ⅲ
107	여정
109	쉼
111	잃은 자
113	메마른 날

115	2015. 초겨울의 승부
117	아림
119	회상 5
121	패자의 변… 1998
123	들꽃
125	승복 1
127	답하지 못한 가슴
129	1월의 희망
131	허공 2
133	삶
135	벽
137	나목 앞에서
139	친구
141	흐린 날
143	숙제
145	꿈 3
147	희망 2
149	동전 1
151	길 6
153	동전 2
155	아쉬움 1
157	겨울꽃 이야기
159	2017. 3월(흐린 날)
161	소망
163	인연
165	머나먼 강을 건너셨습니다
167	가을 아림
169	좋은 날
171	먼바다

173	가을의 점
174	축사(녹색전국연합)
175	회상 I
177	회상 II
179	잊혀진 강
181	봄으로 가는 길
183	빈집
185	하나 되는 꿈
187	존재 2
189	봄으로 2
191	소망 10
193	남은 자
195	하나 2
197	비겁
199	길 2
201	내려놓기
203	먼 꿈
205	하나
206	축사(대한민국 반려식물 미술품전시회)
207	만남
209	설날 소망
211	감사
213	허공
215	꿈의 끝
216	봄길 | 정호승
217	봄비 | 김소월
218	십자가十字架의 노래 | 조지훈
220	눈 감고 간다 | 윤동주

빈 배

호수 끝 녘
얼음으로 갇혀 버린 작은 빈 배
찬바람 몸통 때려 싸늘하게 굳어버린
긴 겨울의 끝을 미동 없이 지키고 있다
얼음이 녹고 실리 운 짐이
가야 할 곳을 정하면 떠나야 한다
겨우내 상처 난 몸 치료하고
노 저어지는 호수 한쪽 목적지로
생의 길목마다
만나고 멈추고 출발하기는
숨 쉬는 자만 가지는 축복인지
허공 한쪽 봄빛에 푸르게 빛나야 할
소나무 한 그루
강가 향하여
앙상한 몸 누이고 힘겨웁게 서 있다
이 겨울의 아림을 넘고
봄 오면 나룻배는 떠나고
푸른 소나무 그늘 되어
숨 쉬는 자 위한
피안의 향기를 품을 것이다.
오늘도 빈 배에 갇혀 따뜻한 봄이 함께하기를
긴 겨울 끝녘을 희망의 꿈으로 맞는다

소망 2

돌아온 소망의 강가
한 사람 그리움 있다면
메마른 가슴속 꽃이 되겠지
그 꽃이 져도 다시 핌을 기다리는
꿈은 하얀 미소 속
지우지 못하는 간직이겠지

건드리면 터질까
말 한마디에 상처받지 않을까
당겨 오는 흔들림 뒤로 두고
그리움 남아 있다면
그 꽃은 행복해야 한다

중부일보
함께 행복의 출구를 열자

우리에게 진정한 행복의 출구는 있는가. 국민의 행복을 담보하지 못하는 그들만의 혁신과 개혁, 정쟁이 지지를 받을수 있는지 묻지 않을수 없다. 민심을 이기는 국가는 어느 곳도 없었다. 민심을 자기 중심으로만 가져다 놓는 순간 모든 출구는 막힐 수 밖에 없어서다. 받아들이는 것, 인정하는 것, 막다른 골목까지 가지 않는 것이 국가와 국민이 함께 행복해 지는 길이다.

출구 전략은 없고, 스스로의 함정 속에 갇혀 서로를 돌아보지 않을 때 국격은 돌이킬수 없는 상처를 입고 고립과 패배를 다음 세대에 남겨 줄 수밖에 없다.

상호불신과 적과 아군으로 정쟁을 이어갈때 국민의 삶은 팍팍해지 고 공멸의 길로 갈수 밖에 없다. 비극의 결말은 누구도 바라지 않는 다. 합리적 결단을 공유하고, 손을 잡고 가슴으로 안아갈 때 잃어버 린 신뢰를 회복하고 함께 갈수 있다. 늦었다는 단어를 시작으로 바꾸고 퍼붓는 비를 멈추자.

한발 물러서서 서로를 보자. 민심의 바다가 보일 것이다. 아프게 지 켜온 이땅의 미래를 진흙탕 속으로 끌고 갈수는 없다. 이제는 모든 것을 거는 정쟁과 진영 논리를 함께 멈추고 가야 할 시간이다. 민심 의 바다를 외면할 때는 모든 것을 잃을 수 밖에 없다.

우리에게 주어진 시간을 무겁게 안고 행복의 출구를 함께 열어가야 한다. '역사는 기다려주지 않는다' 는 한 노교수의 시대를 향한 쓴 충언을 가슴 깊이 새기며 시대 앞에 서서 소명을 다하는 승자들을 안고 미래를 향해 손잡고 다시 나아가야 한다.

황성룡 신경기 운동중앙회 부총재
저작권자ⓒ중부일보-경기·인천의 든든한 친구

점

지는 봄 흐림 외로움
시간마다 걸어온 길 버거웠는지
한순간 한순간
치열함이 봄으로 가는 머나먼 꿈

산자만 누리는 고뇌
숨 쉬는 자유를 감사하지 못하였고
스스로 자조하며 걸어 온 길

적신 한 방울 눈물
흐른 세월에 떨어져
가야 하는 가슴
안겨 오는 흔적은
피안의 흔들림인지 모른다

평화

차창 앞
라이트
하얀 갈대 희미하게 날리고
비에 젖은 실루엣 호수가 잠든다!

어둠에 묻힌 들풀 속 백색의 잔재
심연을 깨우고,

하루만이라도
가슴 깊은 곳 넣어둘 사연 있거든
접고 접어서 고마웠다고
꼭 안고 가자

20

잡초

짐 지고 돌아보지 못하였고
벽 안고 걸은 길의 끝 녘
꽃 한 송이 피어는 났는지
뿌리째 뽑힌 잡초의 잔재,
되돌릴 수 없는 빈 땅

남은 자리 비집고 살아나는
희망의 풀잎과 시작,
떠나고 잊힌 자리
잡초로 살아난다.

숙제를 마친 이를 잊지 않고
남은 자의 몫을 잊지 않기를 기도하며
밟힌 잡초가 그렸든 꿈을 안고
한 발 한 발 가야 한다
산자가 되어

고향

넘을 수 없는 높고 깊은 벽이었다
고향의 강은 어슴푸레 안개에 덮여 있었고
열지 못하는 가슴
언저리만 맴돌았다
사는 것이 바쁘다고
살아 숨 쉬는 것이 길이라고
막걸리 한잔 평안으로 못하였다
남은 것의 집착을 놓고
걸어온 길이 명분이라는 담장을 넘어
내려놓고
서로 안고
두 손 잡고 가지 못하였다
이 명절도 회상의 끝 녘만 안고
가을의 점에 서서
색색깔 국화를 꿈으로 그린다
가야 하는 시간이다
강을 함께 건너
손을 잡고 꿈꾸는 그곳
고향의 강가로

문학고을선집

소망 1

수줍음 고개 숙여 하늘 바람 안으며
반겨주는 늦가을 코스모스
하얀
연분홍
노랑

잠자리 한 마리 살포시 내려앉아
길가는 사연 들려주며

아리운 언제인가
부여잡은 눈방울
동그란 눈물 흘리는
새악시 같은 깊은 꽃

작은 꿈 안고 눈 맞춘다
다음 가을 그 꽃으로 다시 피어 나라고

소망 3

가을 익어가는 들판 끝 녘의 점
황금빛 흔들림 살아있다 노래하고
두 손 여리게 잡혀 오는
존재의 흐린 회상
따사로운 태양과 숨 쉬는 영혼
꿈꾸는 꽃
부여잡은 손
빛깔 좋은 아름다운
먼 그리움으로 남아라
흔들림을 넘어서

소망 6

주어진 소명을 잊지 않게 하소서
동전 한 닢에 동정을 담는 자 아니게 하시고
술 취해 시대를 욕하지 아니하고
나의 사람들이 아닐 때 나를 내려놓으며
아픈 이들 앞에서 손이게 하소서

하루
하루
감은 눈 고뇌하지 않고
하루
하루
생명의 감사를
기도로 이어가게 하소서

소망 5

진한 향 커피 한 모금 깨물고
회색 안개빛 호숫가 젖은 눈
숨 한번 들이키고

산 능선 구비 지는 해 알리면
머리 숙인 들꽃의 수줍음
내일을 기약하고,

하나 남은
아림 안으며
마디마디 눈가에 밟히는 꿈
살아서 피어라! 하이얀 들꽃

소망 8

사랑합니다
커다란 눈망울에
그렁그렁 맺힐 만큼
아프고 힘들 때만 당신을 찾는
가슴만 저며 오는 바보,

사랑의 당신 아무도 없는 절벽 끝 두 손 놓은
이에게 손 내미는 당신

봄 오는 겨울 역 한 모퉁이
창을 닫은 바보는
자기의 기도만 소망하는 죄인입니다

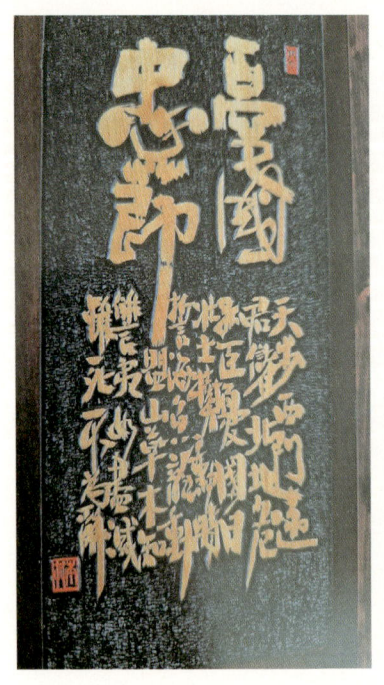

소망 9

살다 보면 찾을 수 있나
"깊은 곳" 던져놓은 동전 하나
그리운 계절 숨어버린 동전
치열하였는가 고개 들면 눈가 어리는 강가는
멀리 가 있다.

건너뛰고 싶었는가 물으면
"잊고 싶었다고"
부딪히고 멍울 들어가며 아른거리는
회상은 되돌아온다

내일은 오고 잊혀 질 것이다 "아픔도 전설이 되어"

내려놓기 Ⅱ

깊은 한 낮
태양 뜨겁게 퍼붓고
짐에 눌린 걸음 십자가 앞에서
경직된 울음을 토한다
"던져 버린다면"

맑은 하늘 푸르름 하나
가슴에 안을 수 있나

이 짐은 누구에게 주어야 하나
긴 여름날의 한기
내려놓는 연습만 하는 바보
〈2020〉

명절 꿈

고향과 함께 모두는
떠났다
침묵만 남은 12시
한 모금 울대 넘기는 잔
떠나버린 땅은 떠돌다 다시 돌아와
변방 끝에서 맞이하는
하얀 겨울의 향수
그리움 물기 젖고
잊혀진 어머니의 신기루!
사연 없는 이 어디 있는지
짙은 향수가 간다

겨울 편지

태양 퍼붓는 창가 끝에서
편지를 쓰고 있다
우표 붙이지 않을
받을 이 없는 편지를
붉게 충혈된 눈으로
두 손 모으며 쓰고 있다

얼어붙은 감성 불씨를 살려
타들어 가는 생의 소리
태양 아래 들으며
배달되지 않을 편지를
내일 퍼부을 겨울 소낙비 안고 쓰고 있다

소년의 미완

파도 춤추는 모래길
물결은 포말로 부서지고
꿈 싫어 소년으로 돌아가는
연습은 아지랑이

마주 잡은 손 머나먼 땅에 놓고
부서지는 파도 걷어차며
시간 멈춘 마음만 서 있다

왜 사느냐 묻거든
왜 살아왔느냐 묻거든

언제나 길 떠난 사람
꿈으로 간다 말하자

하얀 벽 I

벼랑 끝 가고 다시 또 가도
안겨 오는 사막벌판
모래바람 지나면 하얀 백설
짐 지고 길가며 울고, 웃으며
아픔이 감사인 줄 모르고
겨울을 갔다

그 끝에서 사랑했든
또 다른 만남을 아픔이라 말하지 말자
희미한 미소 짓다 안아보는 길의 끝 녘

고마웠다, 사랑했다
선물만 가득 받았다고
하얀 겨울 이기고 피어난 붉은 철쭉같이

미완

바람인지
차가운 여름
한기로 안겨 온다
멀리 왔는지
돌아갈 수 없는 곳까지
묻어둔 저린 가슴
굴곡진 길 가다 멈추면
그 아이 눈물 한 방울이라도 흘려줄까
지나간 벽 앞에서
나는 너에게 무엇이었는지!
올려보는 어둠
눈감은 기도가 그렁이며 흐른다

Have a beautiful Sunday

나무와 풀과 꽃들이 있는 그곳에...

우수 1

별빛 밤하늘
어둠 흘러 안겨 오는 시간까지
들꽃 이야기
호수 이야기
익어가는 가을 들판 이야기
12척 배 이야기
잊혀진 들녘
흐린 미소 머금고
갈댓잎 넘어 멈추는 하늘의 꿈은 푸르다

들판 끝

가을인가
가고 오는 시간
그림자만 안고
돌아보는 먼 희미함.
앞만 보고 걸어왔고
내려놓지 못하였고
아린 이들에게 가슴으로 가지 못하였고
허공만 보고 달려온 길!
무엇을 가졌는지
상실한 것은 찾았는지
왜 갔는지
도화지에 그려지지 않는다.
단 하나
오늘 살아있음은 분명하다
수채화 닮은 하늘 높고
길게 안기는 노란 들녘 끝
미소 속 하늘거리는
연붉은 코스모스에 묻히고
눈물 되어
어리는 전설은 미완으로 남긴다.
답하지 못한 숙제만 안고
내가 아니어도

이 세상은 초대장 하나 남지 않고
잊힌다는 아림을 알았어야 했다
그래도 굽이진 걸음걸음
소설은 쓰이고 있다.
내려놓고 볼 수 있을까
한 방울 맺히는 가을을
이 시간을 묻은 어느 날
다시 물을 것이다.
감사했는가 힘들었는가
이 길의 종점
한사람에게라도 가슴이었다면
흐미한 미소 하나 남을 수 있을까.
극명히 갈린 상처…
월든의 꿈으로 함께 가기를 소망하는
들판 끝이 안개에 흐리다.

중부일보

너에게 던진 질문

인생은
마지막 순간을 비워놓고
우리를 기다린다

하얀 벽 II

흐르고 걷고 먼 길을 가도
잔재만 아리고
세월의 무게만큼
누구나 안는다
이 걸음을 아픔이라 말하지 말자
감사하였고
고마웠다면
이 벽은 마지막 힐링이다.

한 나무가 아무리 자라도 혼자서는 절대 숲이 될수없다

꿈

멀리 왔나 물어보다
올려보는 하늘!
푸른 동화가 미완만 남기고
가을을 안는다
다시 올까 이 동화가!
날리는 갈잎은
기억 저편에서 오는
간절한 희망인지 모른다.

내일

살다 가
살아남아 가다 보면
잊혀 질까

하늘만 보며 걷다 밟은 들꽃들
새봄을 품고 가는 하늘

하얗게 새워버린
내일만 그리는 바보
숨 쉬는 자유는
한점의 선택인가 보다

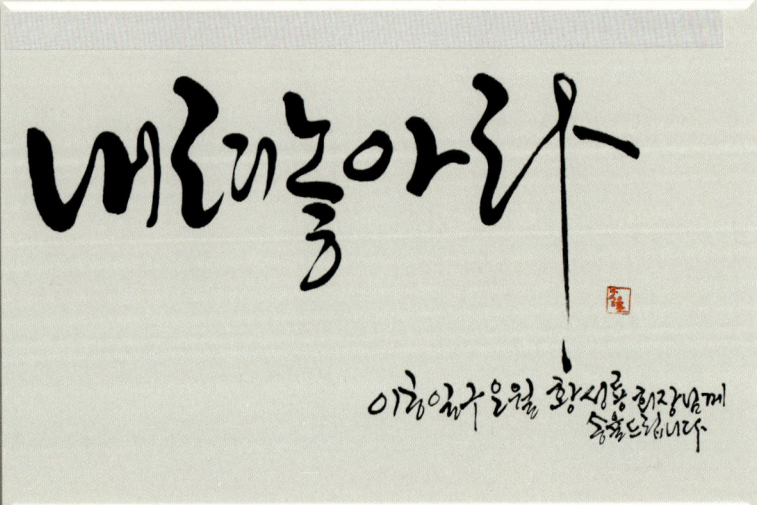

꿈 1

먼 바다 이야기
색칠한 산자락에 안겨 오는
하얗게 도색된
기억 저편 이야기,
언제나 그 남쪽 바다
절며 온 희미함 그릴 수 있나
갈 수 없는 땅
돌아온 회상의 하늘가
한발도 나가지 못한다
저무는 쪽빛 바다는
언저리만 맴돌고,

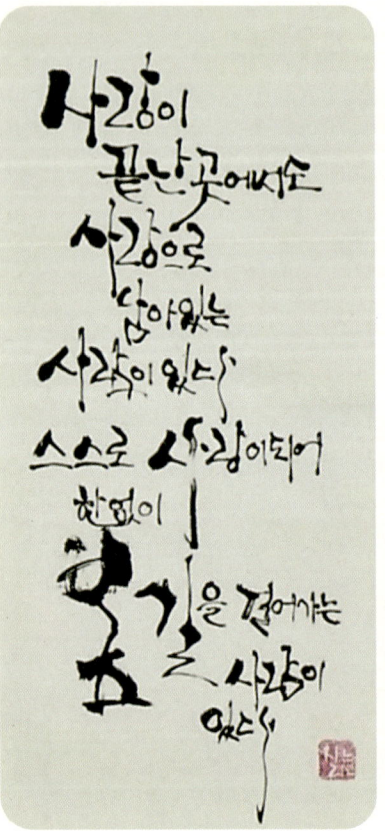 

바보 3

먼길을 돌아왔나 보다
하얗게 피어나는 산 꽃을 어루만지지 못하였고!
길고 긴 돌무더기
메마르고 무뎌진 비포장 길
흔들리며 오지 않았는지

산자의 아린 만큼
굴레를 던지려는
먼 걸음의 몸부림
시간을 안고 가도
하나에게 부르는 노래는
꼭 건너야 하는 강이다

〈단하나 자락 2003년〉

사랑

그런즉 믿음, 소망, 사랑,
이 세 가지는 항상 있을 것인데
그 중의 제일은 사랑이라

고린도전서 13:13

봄

먼 남도길 붉었든 들꽃
침묵의시대 젖은 머릿결
다듬지 못하고 하늘가는 차디찬 빗줄기
숨죽이며 외면한 머나먼 강
다시 보듬는 오월의 광주
비바람에 젖은 꽃다발 진혼곡에 흔들린다
비켜간 역사 품고가야 하는 땅
그 넘어 6월 검은물결 거친바다 연평의 눈물비
밤빛하늘 영원의 별이되어 지켜낸 땅
신화의 월드컵에 뜨겁게 살아있었든 대한민국
꽃으로 산화한 별들을 가슴에 묻고
미래로 가고있다
잊지 않아야 한다.
밤하늘에 빛나는 별이 되어 이땅을 비추는
광주도 연평도 대한민국 우리다

희망

색색깔 입혀진 봄 향기
올려보는 하늘 푸르름
붉게 피어난 영산홍 잠 깨우고
돌아온 아련한 향수

춥고 긴 밤마다 아지랑이 향기
얼음 녹아 우짖는 호숫가를
가슴에 안고
간절히 그렸다
꽃은 피고 태양은 시작되었다.

감사

산자의 아픔은
지는 꽃을 보는 것
떠나는 자의 뒷모습이
아름다운 것은
가야할 때를 알고 가는
산 자에게 보내는 마지막 박수
왜 걸었느냐 묻거든
길이 있어 걸었다
아리도록 고마웠다

12시

바다는 꿈
어머니가 그리는 푸른 평화
산자가 내쉬는 미련의 꿈!
고향은 멀리 가도
가슴은 바다로 남고
그리움 하나
피안으로 간다
12시는 아린 잊혀진 땅이다

봄으로

눈물 어리는 시간의 향기
산 자들의 미향
부끄러운 걸음의 자화상
힘들 때만 안기는 주님
쿼바디스 도미네
흔드는 손수건
남아 있는 눈물 자국은 축복
하나만 남아도 오늘은 가고
봄은 오고 있다

홀로 아리랑

가로등 홀로 잠들고
풀숨벌레 울음이 닿는다
텅 빈 벤치
올려보는 '불빛'은 어둠
외로운 나무 벤치는
그리다 마는 추억
이 아리랑도 안고 가는 미소
빈 가슴의 허무
돌아갈 곳을 그리는 홀로 아리랑 인지,
추억의 강은 흐르고 있다

피안

다 가는가
산도
달도 구름도
잊혀진 시간만 보듬고
멀리로 가는가
가는 길
잊지 않으려
오늘도 서러웁게 흐린가 보다

흔들려도 가야 한다

붉게 익어 날리는 단풍잎
충혈된 눈은 고정되고 먼 산
아른이는 겨울로 가는 마차는 서 있다.
역사의 시계는 초침을 잃고
가냘픈 희망 앞에
진영 논리의 먼 벽이 긴 밤을 간다

잡고 있던 절벽 끝 끈을 놓으며
누군가 넘어져야 산다는 차디찬 겨울 녘
새 시작을 쓰기에 너무 멀리 왔는지
가야 하는 긴 겨울의 길목을
타고 흐르는 장대비와 오늘이 답하고 있다

두 손 꼭 잡고
이 땅을 지켰던 촛불과 태극기의 하루가
비와 겨울의 끝 녘에 젖고
봄으로 가는 길목 흔드는 머릿속
깊은 아림을 못 넘어도
버거운 벽만은 같이 넘어
지켜야 하는 마지막 의무이며
피어나는 들꽃의 희망 안고
흔들려도 가야 하는 길이다

2021년의 시작점은 긴 어둠에 묻혀도
새봄을 향한 걸음은
멈추지 않아야 하는 미완이며
아프게 지켜온 이 땅에
너와 내가 아닌
함께를 소망하는 희망을 그리자
힘들고 두터운 벽 앞에서
어둠의 장벽을 넘어서
먼 미래 봄으로 가는 소명 앞에서
우리는 함께 였다고
간절히 소망하며 걷자.

〈청목문학상〉

외줄

흔들리며
걸어온 길
누구도 줄 수 없는
외줄 위의 희망
가만히 안고만 가도
가슴 하나는 남는다

봄의 점

길은 멀고
꿈은 저리게 아프다
가다 멈추어도 가야 한다
감사해야 한다
흐리게 잊고 안고 가는
하얀 벽 돌아보며 숨 쉬자
날리는 백설이 꿈꾸었던
봄의 벚꽃 내일의 소망과 함께

내가 산山을 향向하여 눈을 들리라 나의 도움이 어디서 올고
나의 도움이 천지天地를 지으신 여호와에게서로다
여호와께서 너로 실족失足지 않게 하시며 너를 지키시는 자가
졸지 아니하시리로다
이스라엘을 지키시는 자는 졸지도 아니하고 주무시지도 아니하시리로다
여호와는 너를 지키시는 자라 여호와께서 네 우편에서 네 그늘이
되시나니
낮의 해가 너를 상치 아니하며 밤의 달도 너를 해롭치 아니하리로다
여호와께서 너를 지켜 모든 환난을 면케 하시며 또 네 영혼을
지키시리로다
여호와께서 너의 출입을 지금부터 영원까지 지키시리로다

시편 詩篇 제 121편

국화

가을 녘의 비바람
뜨거움의 끝
이기지 못한 계절을 뒤에 두고
창가 한 모퉁이 노랑, 붉은 국화 한 송이
가쁘게 숨 쉬고 있다
먼 남녘의 시간은 가고
눈물 훔쳐 줄 푸른 바다
길 떠난 나그네의 저녁
백지에 그림만 그리는 바보
가을 언저리 보듬고 색색깔 국화
미소 감아 기도한다

중부일보

머나먼 봄

붉디붉은, 하얀 철쭉
봄비에 눈물 되어 흐르고
거울 안 어른이는 쉰 머릿결
시간의 빙벽 교차하며 스치고
돌아왔어도 봄은 왔고
생의 긴 그림자 재촉하는 여백
잃어버린 이름이 밟힌다.
회상으로 부서지는 꿈속의 봄날들
그린 것이 무엇인지 답하지 못하는 높은 하늘
긴 그늘 속 고마웠고 아렸든 가슴들
치열하게 걸었든 우리
붙여지지 않을 편지를 쓴다
고마웠다고, 사랑한다고
갈라진 봄을 보듬고 같이 넘자고
기도하는 밤이 길다.

퍼즐 맞추기(2002)

깊이 남은 생채기 하나
이 겨울은 유난히 아릴 것이다
숨 멈추고, 시간 가지 않는
침묵의 자리에서
아무것도 답하지 못한다.
희망만 보라고
시대를 보듬고
격앙된 궤변을 쓰고
벽 앞에서
무너진 퍼즐을 맞추고 있다
감사해야 한다

축 사

함께 생각하고, 같이 변화를 창조하고, 공동의 삶의 가치를 높이려는 미래와 공존의 생각을 실현해 나갈길을 출발하는 새로운 용인 공감 변화의 시도, 용인시 도시재생시민협의회의 시작을 하나된 마음으로 축하드리며, 이 자리에 따뜻한 마음과 격려를 위하여 함께 해주신 내외빈께 깊은 감사를 드립니다.

대한민국 수도 서울만큼 넓고 큰 도시, 100만 이상의 시민이 생활하고 숨쉬는 기회의 땅, 우리 용인의 어제와 오늘속에 미래의 균형과 공동의 가치가공존하는 도시의 모습을 새롭게 그려내기 위하여 뜻을 함께 하는 분들의 의지가 이 자리를 [도시재생]이라는 넓은 의미의 공감의 장으로 탄생되고 출발을 알림을 뜻깊은 마음으로 응원을 드립니다.

급격한 산업 구조화와 개발이라는 이름에 묻혀 균형 발전의 문제, 난개발, 시행착오, 공간부족, 삶의 질의 저하 등의 숙제를 안고 출발하는 이 시도가 공감과 변화의 새로운 도시문화창조와 공유의 미래 도시를 함께 그려낼 수 있으리라 믿으며, 이 자리에 함께 한 분들을 넘어 오늘을 사는 우리, 미래를 가야하는 세대가 같이 공감하고 참여할 수 있는 장이 되어야 우리가 꿈꾸는 공동의 변화를 담보할 수 있을 것입니다.

시민과 공무원 세대와 계층이 함께 고민하고 참여하는, 내가 사는 도시를 위하여 손잡고 걸어갈 때, 우리가 추구하는 새로운 도시재생의 바탕이 탄생되고, 균형과 공감의 도시 속에서 따뜻한 차 한잔의 여유와, 공간 속의 도시의 평화를 창조해낼 수 있을 것입니다.

새로운 물결을 만들어내기 위하여 시작하는 이 자리가 대한민국 도시재생의 새로운 모멘텀이 되고, 모두가 추구하는 꿈을 위하여 함께 하였다고 말할 수 있기를 소망하며, 끊임없는 노력을 경주하여 시작을 알리는 도시재생시민협의회의 의지에 따뜻한 축하와 성원을 드리며, 오늘이 변형되고 얽혀있는 우리의 터전을 사람중심의 친화도시로 변화를 만드는 출발점이 될 것을 확신하면서 축사에 갈음합니다. 감사합니다.

2018.07
(사)용인시 전국녹색연합 상임고문
(사)신경가운동 중앙회 부총재
(사)용인시장애인문화예술협회 고문
황 성 룡

보내는 바다

태양
올려보는 먼 강가 하늘, 그리운 바다
외로운 색색깔 들국화 춤추고
은빛 비늘 물결 조약돌에 안기는 섬진강 끝 녘
시간 속 여행에만 남았다
높은 돌담, 쪼개진 바위산 옆
뒷계항의 뱃전은 진흙빛 바다
가야하는 압해도
모두 실어 담은 녹슨 철선 섬으로 떠나고
점으로 안겨오는 항구 목포
들꽃의 미련
솟아지는 빗줄기에 흐렷든 날들
너울대는 영원의 그림자 안고
바다와 은빛비늘 물결을 보낸다
흐미해진 땅 갈 수 없는 곳
익어가는 가늘 하늘에 가슴 실어 날린다.

바다

머나먼 바다
한가로이 작은 배 춤추는
굽이굽이 풀길 옆
눈물 안기는 꿈
두 손 꼬옥 잡고
들꽃 하나 물었다
고맙다 먼 훗날
기억 흐린 미소 안고
한 방울 눈물 남아 고마웠다고

'2024 대한민국전통서각 명인작품전'이 팔만대장경 판각사업의 원대한 완성점의 대장정이 되시기를

금번 국가사랑을 주제로 민족 서각예술의 긍지와 정수를 보여주며 큰 꿈을 향하여 2년 만에 회장님과 회원님들의 열정과 의지를 함께 담아 열리는 '2024 대한민국전통서각 명인작품전'을 따뜻한 마음으로 축하드립니다.

긴 겨울의 꿈, 완연한 봄의 길목에서 개최되는 본 전시회가 함께 꿈꾸며 대중 속의 서각예술로 자리잡는 분기점이 될 것이라 믿으며 혼을 담아 그려낸 서각명인 한분 한분의 열정에 깊은 감사와 박수를 드립니다.

2022년 전시회보다 한층 더 진화하고 다양하고 우수해진 작품으로 용인특례시에서 개최되는 전시회는 각별한 의미를 가집니다.

본 전시회가 민족의 자긍심 한글판만대장경 판각사업의 진행분기점과 세계 최대 반도체 심장 도시의 열정이 어우러진 함께함의 전시회가 될 것을 믿으며 꿈을 현실로 승화하며 전통서각예술의 대중화와 세계화를 위하여 긴 시간 강한 의지와 소명감으로 앞장서서 최선을 다하시는 우당 현성윤 회장님의 열정과 회원 모든 분의 앞길에 긴 겨울을 이겨내고 봄을 맞이한 목련의 활짝 핀 미소와 같은 봄의 따뜻한 행복이 함께 하시기를 기원드립니다.

용인특례시의 꿈과 전통서각예술협회의 꿈이 같이하는 본 행사에 함께하는 모든 분과 시민의 격려와 박수로 성황리에 이루어질 것을 확신하며 모든 분의 가정에 행복만이 함께 하시기를 소망합니다. 감사합니다.

2024. 4. 4.
(사) 신경기운동중앙회 부총재
(사) 한국체육학회 고문
(사) 한우리봉사연합 고문

황 성 룡

2014. 6

하얀 밤이 흐른다
낯선 이름들 새벽을 흔들고
시대의 혼돈
진자들의 아픔이 24시를 간다
공전의 장에서 자신을 위한 틀에
역사를 쓰기 위한 몸부림
초여름 새벽을 적시고
뿌리도 남지 않은 나무의 아픔은 아는지
승리 쓰기에 허덕이는,
극명하게 갈리는 우리는
맞추지 못하는 한 조각 퍼즐인지 모른다.

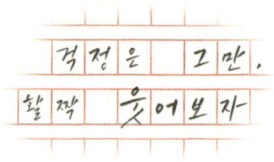

걱정은 그만,
활짝 웃어보자

저녁의 승, 패

언제나 현장에 있다.
한바탕 춤의 끝 흐리게 안으며
수십 년 승자와 패자를 그렸다.
벗어나지 못하는 꽃밭,
봄의 함정을 지난하게 넘는다.
변명의 여지 없이
함께 치열하지 못한 자는 진다
가슴 안 퍼붓는 소나기와 함께
2024 저녁은 그렇게 저물고
함께 부르는 축제는 오지 않을 신기루인지
그들만의 수 싸움 이긴 자의 표정 관리만 흐린 4월
힘겨운 봄이 가고 있다
이 땅은 누구도 가질 수 없는 우리 모두의 터
비바람 차디찬 겨울 이기며 아프게 지켜온 곳
다음 봄꽃이 예쁘게 피어나기를 간절히 기도하자

빈 밤

낙엽으로 진화된 11월 깊은 어둠
통증과 찢겨버린 조각조각
휴지 수북이 빈 밤이 가고 있다
다 왔는가 돌아보면
어느 곳에도 도착하지 않은
긴 밤 누르는 이 겨울을 묻는다
갈 수 있느냐고
전설이 되어 있는가 물으며
멀리 있는 빈 계절을 힘들게 보듬는다.
〈1999〉

존재 4

헤드라이트 불빛 스쳐 간
거리의 어둠,

흐르는 밝음의 교차
힘들게 가슴 뛰는
양면의 교차점

극명히 갈리는
새벽 도로의 바닥 비에 젖고
차가운 심연의 경직

희망의 미소는
생존의 의미

이별

하얀 산 눈 덮인 능선
앙상한 가지 흔들리고
얼어붙은 벌판 한구석
이별 자락 가슴은 저며오고

해 지는 오후면 떠나야 할
기차의 울음 침묵이 대신하고
어쩌면 우리는
영원히 옷 입히지 못하는
바보인지 모른다
가슴 깊은 곳
흐르는 눈물 대신하고

꿈

17년을 이기며 피어나는 봄
아픈 생의 봄 붉은 한 송이 꽃
그렇게 다시 왔다!

고마웠다 돌아왔어도
흐린 미소 지을 수 있어,
낡은 화분 위로
솟아나는 붉은 가슴
봄을 안고 있다.
지난하게 살아낸 시간
눈가 적시는 외로움
고개 들어 미소 지어본다
고맙다고
살아남아서
　　　〈생명의 꿈〉

회상 Ⅲ

생선비린내 작은 고깃배
어전에 깔린 전어한사라
소주한잔 어릿대 든 곳
지금은 지명도 사라진 곳
그곳을 삼천포라 불럿다
비릿내음에 시대를 묻든곳
긴시간에 안기는 꿈
두눈에 고이는 회한의 한방울
잊혀진땅 없는곳
은방울 자매의 구슬진 울림
떠난 포구 바다건너
돌아온 밤하늘이 흐른다
길의 끝까지 안고 가자

歸天 천상병

나 하늘로 돌아가리라
새벽빛 와 닿으면 스러지는
이슬 더불어 손을 잡고

나 하늘로 돌아가리라
노을빛 함께 단 둘이서
기슭에서 놀다가 구름 손짓하면은

나 하늘로 돌아가리라
아름다운 이 세상 소풍 끝내는 날
가서, 아름다웠더라고 말하리라

여정

뜨겁던 어제의 햇살
추억 속으로
다시 올 그 시간 꿈꾸고

보이지 않는 아려오는 외로움
잊혀진 추억에 숨고 싶은 여림인지

안개 속을 헤매이든 날들!
메마른 그리움에 적셔진 그 날
숲길 한 귀퉁이 시냇물 소리
갈대 바람 여리게 스치고

흔들리는 숲길이 아름다운 것
먼 길 돌아 다시 올 그날

쉼

돌아온 길 정거장 있어
평안 하나로 쉬어갈 수 있다면!

걸어온 무게만큼
짐 내려놓고
낙조에 눈물 한 점 찍으며
신발 빠지는 갯벌 한걸음

힘들다 말하지 아니하고
멍한 가슴 흔들지 않으며
한 방울 닦아낼 시간 주어진다면
이 짐은 사랑으로 남을 수 있을까!

잃은 자

고향 초입 높고 깊은 대나무 숲
아리디아린 바다 안고
돌담 넘어
올려본 마당 가득
할머니의 마디마디
상처 난 손으로 풀어놓은
산나물 가득
긴 시간 지나 알았다
그것이 삶인 것을
그리고 바다는 고향을 떠났다.

메마른 날

철없는 눈빛으로
그리움을 보든
소년의 꿈은
오늘에 묻힌 백지
존재의 이름으로
치열하지 못한 변명 앓으며
시간 잊고 피어난 철쭉은 예쁘다
나루터 배를 가두고
시침 잃은 한 밤의 꿈
길을 잃었다
밤이 길려나
별이 구름에 가리었다

사 훈
- 치열하게
- 간절하게
- 책임있게
- 행복하게
- 사랑으로

2015. 초겨울의 승부

끝날 때까지 끝난 것은 아무것도 없다.
절벽 끝 1%의 동아줄
9회 말 심장을 멈추는 전설
드라마는 그렇게 끝났다
패자가 이렇게 추해 보일 수도 있다.
절벽 앞 동아줄 쥐고
살아남는 곡예가 오늘인지
기억할 수 있는 희망을 보여준
끝나지 않음을 꿈으로 안긴 메시지는
뜨겁게 긴 시간
아름다운 전설로 남을 것이다

〈패자가 추해 보인 날, 월드베이스볼〉

아림

붕어빵 5개 천원
할아버지 할머니 두 분은 0.4평 빵 굽는 기계 앞
녹슨 카세트 옛 노래 듣고,
12월의 가락
가는 해를 생일인 양 축복하는 술 취한 네온 불빛,
가락을 멈추어도
시간의 흐림은 극명히 간다
십만 원짜리 한정식과 붕어빵 천 원어치
3개 먹은 점심 붕어빵 두 개 남고
상 차린 한정식 손마디 힘들다.
무엇이 2007 이 저녁을 슬프게 하는지!
사랑하며 갈 수 없는지
뿌리째 뽑히지 않으려는
마지막 자존심 숨으로 고르며
그 안에 봄과 희망을 두고
기약하는 내일은 아픔이 간다
다음 해에는 볼 수 있나 붕어빵 마지막 희망을
　　　〈저 두 분의 꿈을〉

비를 맞으며
혼자 걸어갈 줄 알면
인생의 멋을 아는 사람이요

비를 맞으며
혼자 걸어가는 사람에게
우산을 내밀 줄 알면
인생의 의미를 아는
사람이다.

회상 5

"안개 강 건너 하얀 들판 지나면 평안은 오려나"
너는 해 낼 거야
걸걸하게 뜨거운 그 목소리 이제 들을 수 없다
절망의 정점에서 들려주든
"할 수 있다"
"너를 놓지 마라"
내려앉은 가슴 두 손 잡아주며,
태양이 어둠 가르고 솟구치는 새 아침
숨소리 거칠게 안겨 올 때
그려지든 한 생의 막걸리 목소리
다시 들을 수 없다.
어차피 왔다 간다지만
또 한 번의 눈물 솟구치며 안기고
삶의 저편 감사했던 한 사람
고마웠습니다 사랑합니다 미안합니다
숨 쉬는 시간 당신 몫까지
걸으렵니다
〈2001 먼 길 떠난 선배〉

패자의 변… 1998

벼랑 끝
동아줄 하나 남겨 놓지 못한
빈자
가슴 끝까지 들이키는 독주 향은
패자에게 퍼붓는 가슴 때리는 소나기
눈 가득 덩그런 허공 안고
죽은 자의 영혼만큼 아픈 터벅임
살아서 답하라는 메아리 답하지 못하고
초라해진 육신
새벽 풀꽃으로 덮인 강가 모퉁이
생과 사를 아침으로 안고 간다
태양은 다시 오고
아침은 와 있다
가야 한다 남아 있는 길을

들꽃

그리다 만 멈춘 미완
붉은 화려함의 장미도
우수에 젖은 하얀 백합도
고개 든 해바라기의 방긋도 아닌

들풀 속 홀로 고개 내민 한 송이
꿈에서 어리는
불면 넘어질 것 같고
흔들면 못 일어날 것 같은
흐리게 안기는 잊혀진 강가
작은 소망,

풀숲에 시간을 가두고
숨어버린 먼 그림자 안개 강 지나 안는다

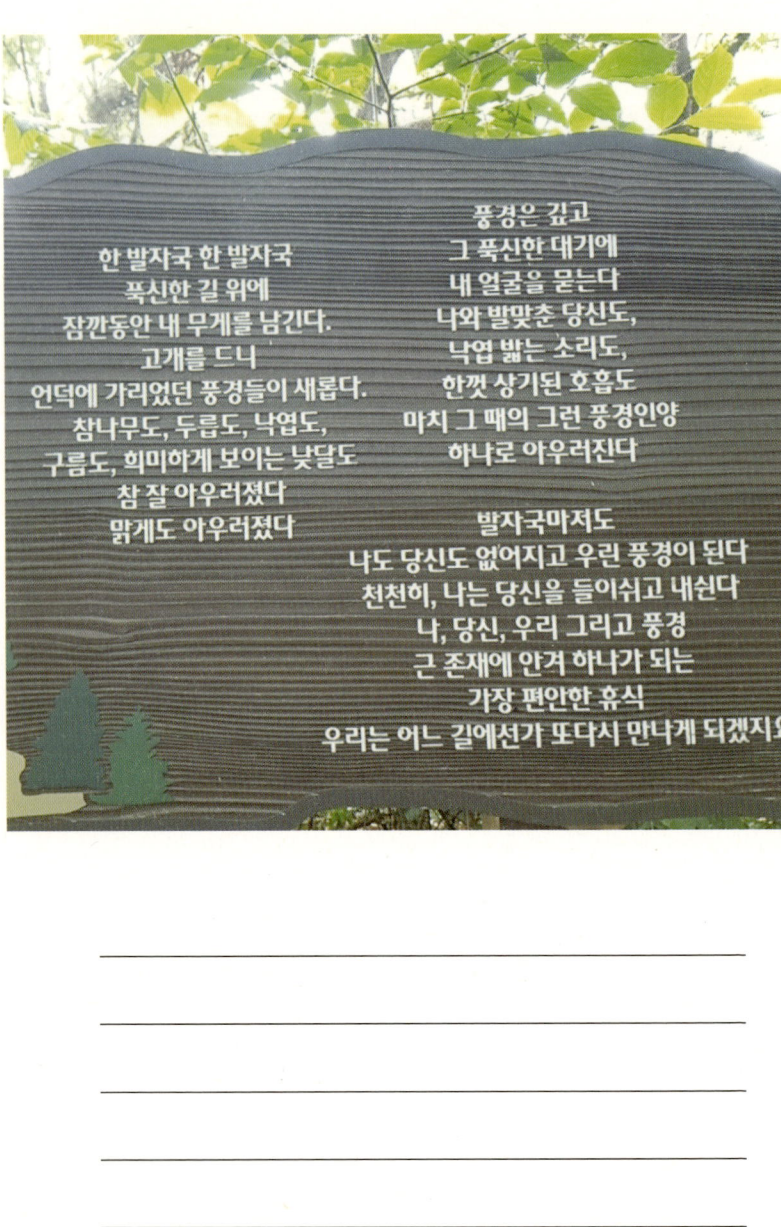

승복 1

어둠과 밝음 스치는 새벽녘
긴 시간 가르고
찬바람 창 스치는 계절
그 바람
멀리 간 봄으로 가는 길이라 그리며

감은 두 눈 세월을 묻는다

길이 있어 걸어왔고
스치는 찬바람에 봄 이야기 안고

머나먼 하얀 꿈은 걷고 있다

답하지 못한 가슴

역사도
시대도
오늘도
가슴 하나
평안이면
미소인 것을
항상 미안함
어느 날
먼 훗날
영혼의 빛 아래
다시 보자
말할 수 있을까!

다름

산을 좋아하는 물고기도 있고,
바다를 좋아하는 꽃도 있어요.
틀리지 않아요.
다르다고 말해 주세요.

『달의 조각』 중에서

1월의 희망

멀리 돌아 다시 온 도시!
하얀 눈 소리 없이 색칠하였고
시간 멈춘 거리는 그림 속 들판
눈 장난 아이의 동심
길의 점 앞에 서서
잊지 말라고
멈추면 안 된다고
심하게 뛰는 심장
흔들림 속 깊이 넣고

하얀 눈의 그림 속
노을 지는 길녘으로

허공 2

태양 한 모금
고마움으로 보듬고
저무는 가을 녘
진흙 색 커피의 따스함
남아 있는 시간은
멀리 와버린 시침을 돌리고픈
외로움으로 닿는 스산함
언제나 같은 질문과 답
가슴을 가슴에 묻은
그리움만 남긴
돌아가지 못하는 시간의 여행자

삶

비 흐르는 머나먼 강
어느 시간
아련한 풀빛 향으로 이 노래 멈추고
다 왔는가 물을 수 있나
끝인 시작을 앞에 놓고
긴 강을 간다
고마워하자
멈춘 이 시간을

벽

고무나무 잎새
연청색으로 물들고
안겨 오는 서늘함 높은 하늘 끝
가을을 보내는 아쉬움인지
공정하게 왔다 가는 약속 앞에
삶의 무게는 살아온 시간만큼
가슴 여미는 애증
살아가는 노래 멈추고
존재의 이름으로 안기는
가을 전설이 그리워
눈방울 껌뻑이며
올려보는 하늘은 푸르디푸르다

나목 앞에서

태양이 뜨겁다
떠난 봄이 오늘인가!
마음의 봄은 서 있고
바람은 차다
잘린 세월 이긴 나무
역할을 마감하고
갈라진 벌판 노란 겨울이 익고,
울림으로 안겨 오는 잃은 것을 생각하지 말자
승자와 패자가 상존하는 곳
후자를 선택하는 이는 없다
조각조각 잘려져 망각이 된
나목 한 조각을 다시 기억하자

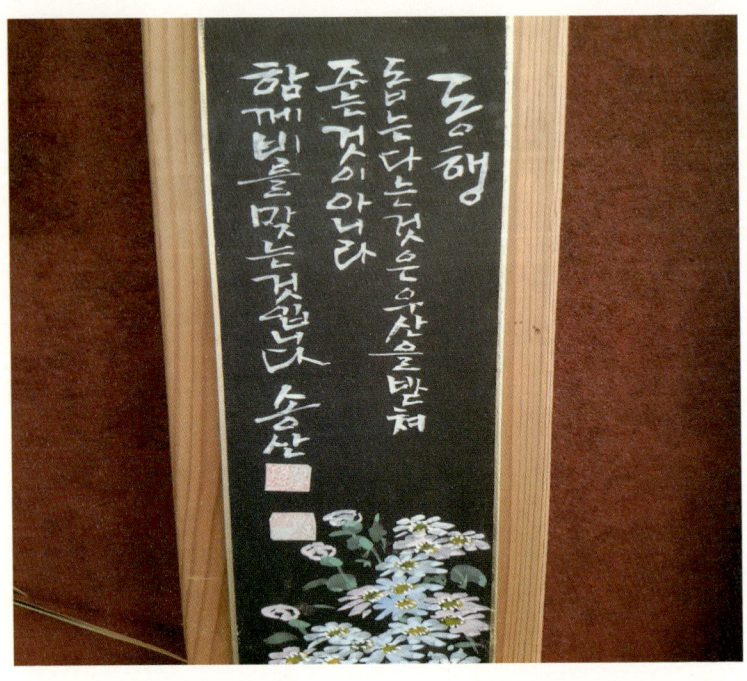

친구

40년이 더 흐른 먼 시간
구릉 야산 한 귀퉁이 모여 앉아
무지개만 있는 줄 알았든 우리
세월의 무게만큼 안고
회색빛 산 아래 소주 한 잔 머금고
잘 살았는지 눈으로 가슴으로 말한다
친구 주려 깊은 산에서 캐왔다는 한 입 깨문 더덕
시큰하게 아려오는 가슴은,
산자의 아픔만큼 아림 되어 와 닿고
큰손으로 나뭇가지 붙들고 땀 뻘뻘 흘리며
한 봉지 산 복숭 따주는 친구
가져다가 설탕 재워 먹으란다
아픈 몸에 좋다고
건강하라고, 오래 살라고,
다시 있을까 오늘이!
시침을 돌려 온 길에
비닐 봉지 속 시골 끝자락
힘주어 자라난 옥수수
한입 깨물며 미소가 간다
가슴 하나하나가

흐린 날

황사 얼룩진 거리
진자의 노래 21세기를 도리질하고
터전을 상실한 노동자의 절규
패배로 마감한 경영자의 아픔
이길 수 없는 한잔 술로 마감하고

진실, 당당함, 감겨오는 눈동자, 그리고 타협
버티려는 흐림 하루를 적시고
생의 점에 서서 오지 않을 봄
답 없는 물음표

늙은 노동자의 아린 눈동자
흐린 산하를 푸르름으로 포장하는 패자
취한 바보의 외침 밤을 태워 가고
비에 젖은 진자의 꿈은
가야 한다 우짖는다
오지 않을 봄이어도
이 밤은 가고 내일은 올 것이다
숙제를 끝내기 위하여

〈1999. 3〉

숙제

나의 꽃에 물 주는데
사랑하는 가슴을 주는데
아리게 하늘 올려보는지

연붉은 들국화
깊은 곳 잎 내미는 가을 녘의 동화,
삶의 저편 주머니 만들어
꺼내 보는 하나

살다 보면 잊혀지나!

시간의 수레바퀴 21세기를 가고
숨 쉬는 자유 60을 넘고
철학이 휴지통에 구겨져도
my way는
침묵 속 영원의 숙제

꿈 3

소로길 한 발 한 발 내일로 가는 꿈
밤송이 입 크게 낮게 깔린 가을 산
반개쯤 전세 내어 그림자만 안고 간다

푸른 소나무 곱게 서서 익어가는 가을 태양
하늘 보기 좋은 푸르름,
청설모 한 마리 외로움에 비탈 뒹굴고
혼자 뛰는 메뚜기 재롱
나무 풀 사이 시샘하는 두 손

사람 사는 이야기

약속의 노래는
내일의 희미한 미소인지 모른다

희망 2

고개 들어 올려보는 하늘
가을 지는 능선의 붉음,

껍질 벗은 낙엽의 외로움
홀로 태워 가고

하얀 생명의 소리
갈대의 거친 우짖음
짙게 깔린 어둠 넘는
산자의 노래는 감사인가

"혼자 핀 들꽃에 미소 보내고"

돌아서는 발길 뒤편
기다리는 소망은 코스모스 안기는 길이다
〈고맙다〉

나무에 앉은 새는
가지가 부러질까 두려워하지 않는다
새는 나무가 아니라
자신의 날개를 믿기 때문이다
- 류시화, <새는 날아가면서 뒤돌아보지 않는다> -

_____

_____

_____

_____

동전 1

동전 한 잎 던져놓은 곳
흔적 없는 평온의 바다

그 속에 약속 있다면
그 동전 말하겠지
숨을까
영원히
돌아온 바다의 꿈이 묻는다

길 6

3월의 미풍
곡예 하며 걸어온 외줄
태양 기다리는 바보
수많은 동아줄을 잡았다 놓았다
존재의 노래는 미완의 전주,
안고 가는 생각의 끝
아니라는 힘듦보다
가야 하는 흔들림은
아련한 향수병인가

동전 2

동전 하나 던져진 곳
세월 스쳐 간 후 묻겠지
빈 호수 보며
사랑했느냐고
감사했느냐고
짧은 길 열심히 그리워했느냐고
산자로 서 있나 묻는 호수는
잠들었다

아쉬움 1

따뜻한 차 한 잔 먹여 보내지 못하였다
무엇이 그리 급했는지
젖은 회색빛 어둠 내리는
밤하늘 올려보며
따스한 커피 한잔
안기우지 못함이 못내 가슴을 흔든다

아련하게 잊혀진 시간 속의 점
못내 남아 있는 저림은
차 한잔의 마음만일까

겨울꽃 이야기

겨울 끝 이기고
솟아오른 한 송이 영산홍
흑색으로 변한 거리의 낙엽
앙상한 가지 끝 잎새
얼어붙은 한구석
봄으로 가는 마차는 서 있어도
그 시간 멈추고
살아 피어난 환희를 본다
비우지 못한 이야기
행복하였는지 기억하지 못한 숱한 시간들
더 아린 이들에게 무엇이었을까
가슴으로 안아나 보았는지
한 송이 영산홍같이

2017. 3월(흐린 날)

봄이 비에 젖고 있다
시계는 멈추고 역사의 걸음이 멈춘 초봄.
광장의 소리만 시대를 덮고
한 발자국도 나가지 못한다.
접혀진 컵 안 꺼질 듯 휘청이는 촛불 밤을 흔들고
태극기 물결 안 허공 안는 메아리 가슴 흔든다
출구를 찾지 못하는 긴 한숨
전진을 멈춘 아림이 흐리게 간다
사는 것
살아남는 것
국가와 역사
멈출 수 없는 숙제 앞에 선 방관자
흔들리고 바람 불어도
비 맞으며 껴안고 함께 살아남아 가야 하는 땅
어둠을 멈추고 미명을 맞이하며
우리만의 심판이 끝나도 다시 세워야
산다~ 뜨겁게 함께

 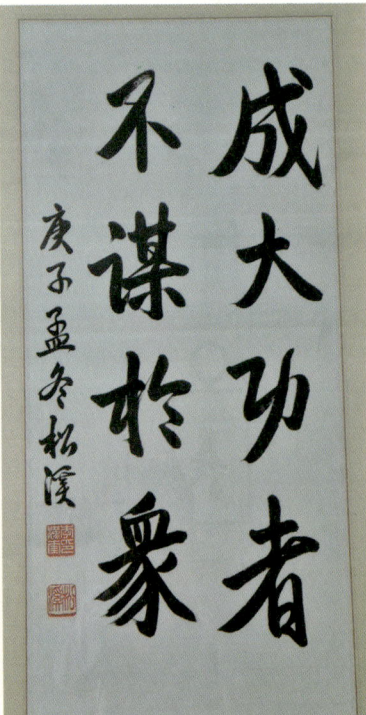

소망

봄꽃이 피었는지 오늘 보았다
하늘 푸르른지 지금 보았다
치열함과 살기 위한 아류
나뒹구는 과거의 아픔을 하늘로 보았다
산빛에 안기는 봄 한번 안지 못하고
잘 살아내지 못한 아림 가슴 되어 흐른다
재가되고 남은 자리
한 방울 눈물이라도 있을까!
쪽빛 바다 지나
폭풍 치는 절망의 바다를 보듬고
치열함을 잊은 잔 속 꿈이 간다
기나긴 밤이 멀리 온 봄 끝을 더듬는다
다시 써야 한다
내일을

인연

하얀 봄의 강변
빈 배의 겨울 시침 돌려놓은 피안
안 개강 넘어 연녹색
잎새의 꿈 하나
고요를 안고 노 저어 간다
푸르름과 가슴 맺히는 여림
긴 여로의 점
침묵으로 가는 마침표는
그리움의 고향

흐린 미소와 떠난 자의 침묵을 남기고
함께의 소망이 욕심은 아니었는지
산자는 아리다고
피우며 가야 하는 미완의 꽃인지 모른다고
꽃으로 피어 있기를 소망하는
물결 푸른 강가의
하얀, 파란, 노란 들꽃 미소 짓고
멀리 돌아온 빈 배만
인연의 바람에 아리다

머나먼 강을 건느셨습니다

우리 모두의 앞에서 손잡아 주시든
회장님을 이제 가슴 깊이 묻습니다
다 왔다 간다 말하지만
저리도록 따스하게 봄을 함께 가셨고
치열하게 한 시대를 안고 가셨고
뜨겁게 강한 나라를 울림으로 던졌든
강건한 희망의 소리를
남은 이들의 숙제로 남기고
하얀 봄에
우리 모두의 가슴속에
뜨거운 꿈을 주시고
봄을 안고 가신
인자하셨든 불꽃과 같았든
회장님을
살아가는 시간시간 기억합니다.
언제나 함께해주셔서 감사드립니다.
진정 고마웠습니다.
당신께서 주셨든 사랑을
우리 모두 뜨겁게 기억합니다
좋은 곳에서 영면하십시오 행복했습니다
영원히 함께 하겠습니다

사랑합니다.

가을 아림

가을이 아픈 것이 아니라
산자가 무엇을 하였나
답하지 못하는 저림
낙엽을 안고
삶을 반추하지 못하는
이기로 번득이는
군상들의 머릿속
세상을 잊은 나의 세계
오늘도 교훈 속에 버려진
진자는
살아감을 버린 빈자인지
놔야 산다 천 번 속
지난 시간이 스친다
한 방울 눈물
떠나는 그 날
미소 지으며 가야 한다

좋은 날

설날의 꿈은 기억 저편 아지랑이 같은
비에 젖은 바다
대나무 얽힌 물가 끝 녘
푸른 잎새
잊혀진 설을 말하고
전설이 된 바다는
소년과 함께
하늘이 되었다
푸르다
흐리다
아프다
웃다가
하얀 목련 지는 날
한번은 기억나려나
흐미한 미소로

먼바다

하늘 한번 올려본 지 40년
울지 말아야지 살아온 기억
언 손 녹이며 맴돌든 울림
못난 자식 하나 안고
적삼 안 꼬깃꼬깃 숨겨놓은
지폐 다발 쥐여주던 긴 아픔
살아가다 잊었다 누구였는지
살아가며 몰랐다 왜 그랬는지
메말라버린 기억 저편 먼 이름.
한 번도 못 가서…
영영 부를 수 없는
잊혀져간 가슴
긴 시간 지나 이제야 알았다
왜 살아왔는지!

가을의 점

가을 넘기는 점에서 창가를 본다
맑은 하늘 스산하게 스치는
겨울을 향한 경고

돌아보는 빙벽
남아 있는 쇠잔함이 후벼파고

가야 하는 길목마다
나는 누구고 무엇이었을까

한 조각 퍼즐에라도
맞춰질 수 있는 길이였는지!
올려보는 하늘
낙엽 날리는 비연 앞
돌아보는 길
코스모스 한 송이 지는 미소가 예쁘다.

축사

움트는 새싹과 흐르는 시냇물의 청음이 봄을 알리는 새시간의 점에 서서 이 나라의 변화와 사랑의 동력으로 오래전 출범한 이 모임이 긴흐름을 넘어 함께해온 전국지회 중, 백만인구의 용인시의 새로운 봉사와 함께함의 자리로 탄생하게 됨을 감사로 안으며, 아름다운 봉사의 시작을 이 자리와 함께 할 수 있음을 깊이 감사드립니다.

오늘 모임이 추구하는 목적과 의미를 다같이 안고, 용인시민의 가슴속에 봉사와 사랑의 따뜻한 출발과, 큰 함께함이 같이 하는 미래를 만 들 수 있기를 가슴으로 안아봅니다.

내가 먼저 손을 내밀면 함께 따뜻해집니다.
내가 먼저 배려하면 뒤에서도 행복합니다.

함께 비를 맞으면 비에 흠뻑 적셔도 마주보며 미소 지을 수 있습니다.
오랜 시간을 이 시대와 함께해온 이 모임이, 새로운 선장과 함께 모든 분들이 성원하는 자리에 서서 녹색의 봉사 정신으로 동참할 수 있도록 무거운 소명감으로 성장할 것을 확신합니다.

시작하는 이 자리를 축하해주시고 함께 해주시는 모든 분의 가슴에 봄의 맑음과 아름다운 꽃망울 향기가 늘 함께 하기를 기원합니다.
감사합니다.

2016년 3월

(사)녹색전국연합 용인시 고문 황 성 룡

회상 I

꽃 한 송이 피워나 보았나
먼 길 돌아오며
누구에게 꽃 한번 되어 보았나
존재만의 시간
저리게 받으며 산자는 되어 보았나
그 길 돌아 다시 오는 날
착하디착한
예쁜 꽃으로 태어나
너의 피어남을 안을 때
흐린 미소 좋아하는 가슴으로
다시 와보자
아픈 봄 지나
이 겨울 넘어
산자로 남아서
다시 오기를 기도하며

길 – 당신에게

좋아하는 길이라면
울퉁불퉁한 길이라도
걸어갈 수 있어.

힘들어지면
잠시 쉬며 하늘을 보고
걸어가는 거야.

따라오고 있어
당신의 그림자가
'힘내'
하고 말하면서

詩, 시바타 도요

"

회상 Ⅱ

생의 고비마다 물었다
갈 수 있겠느냐고
가야 한다고
비 오든
바람 불든
거친 파도가 밀려오든
가라고
가다 넘어져 들꽃이 되라고
누군가에게
가슴으로 남아서
길의 끝점에서
들꽃 홀씨
하얗게 날리며 가라고
따듯하게 지라고

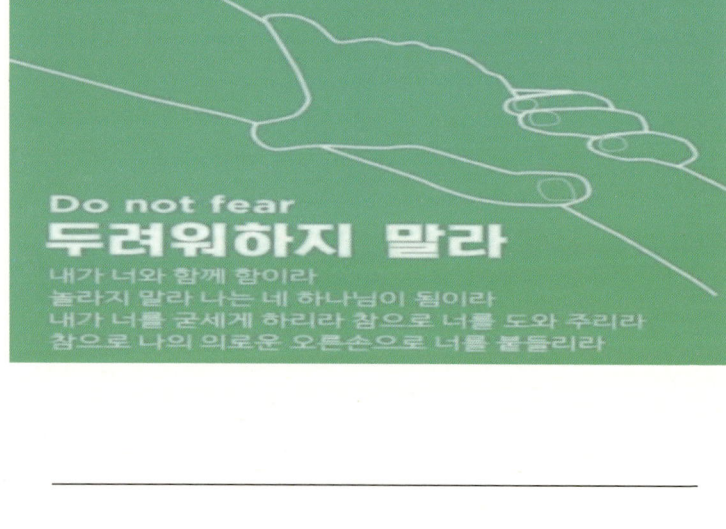

Do not fear
두려워하지 말라
내가 너와 함께 함이라
놀라지 말라 나는 네 하나님이 됨이라
내가 너를 굳세게 하리라 참으로 너를 도와 주리라
참으로 나의 의로운 오른손으로 너를 붙들리라

잊혀진 강

언제나 꽃이었다
황톳빛 노을 깃든 호숫가에서
햇살 드리운 들풀 사이에서
맑은 하늘 올려보듯
그림자는 하나 희망의 꽃이었다

소유할 수 없음을 알게 하시고
안고 가야 한다고
채찍을 드는 한 귀퉁이에서
두 눈 붉은 소년의 아림
포기는 "아니다" 말씀하시는 당신

흔들림의 한가운데
내가 아닌 기도와 꽃
하얀 갈대꽃 새벽 여명은
내일 남은 길의 점이다

봄으로 가는 길

기나긴 겨울 녘
조는 가로등 안개에 흐리다
이긴 자와 진자의 빈자리
진영의 안개가 벽으로 막혀있다
함께 던진 호수의 동전
빈 잔에 어른이는 봄으로 가는 시침은 서 있다
평행선을 달리는 차디찬 겨울의 땅
흔들리는 거리에 안개비가 흐리다
안고 가지 못하는
차디찬 황혼의 하늘 끝
색색깔 낙엽과 단풍의 미소를 그리는
소망이 힘겨워도
겨울비에 젖은 서로를 보듬고
푸른 하늘 꿈으로
꿈꾸는 봄으로 벽을 넘어 가보자
오늘 산자는 가야 할 이 땅의 주인이고
살아있는 내일의 역사다
그래서 우리는 오늘 산자의 꿈이고 희망이다

빈집

굽이굽이 길옆 사이
이름 모를 들꽃 합창하고
구릉 밑 멀리 조그만 닻 배 헤엄치는
끝자락 먼바다
봄에 실려 가는 하늘 푸른꿈
하얀 굴뚝 연기에 취하고
얼어붙은 계절이 녹을 때면
서러웁도록 안겨오는 땅
무엇이 그리 바쁜지
비움이 그렇게 멀었는지
생존의 허무에 묻혀 빈 집을 떠돌고 있다
돌리고픈 사연은 누구에게나 있다
꿈에서 그리는 길목의 점
되돌아오는 바다는 우짖는 포말에 묻히고
가야하는 빈집의 소망만
안개에 묻혀 길을 묻는다
봄의 푸른 수정바다를

〈청목문학상〉

하나 되는 꿈

잔을 내려놓아야 한다
긴 울림으로 안겨 온 이 땅의 봄에
시대를 몸으로 안고
극명히 갈려버린 상처 보듬고
함께 가자 말할 그 날
빙벽 속 꿈꾸는 차가운 봄
따뜻한 승자가 안는 시대를 그린다
언 마음 안고 하나 되는 세상을!
갈리는 가슴의 봄비 안고
걸어가자 말해야 산다

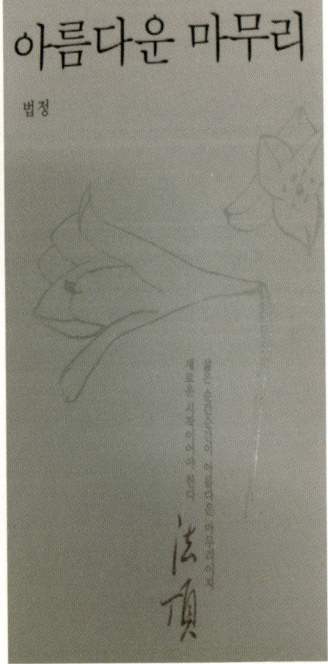

아름다운 마무리

법정

존재 2

이름 모를 들꽃 비바람에 흔들리고
사각의 공간 타고 흐르는
푸르고 깊은 곳

두 손 파고 치고
비에 젖은 낙엽
그 길 걸음 무거워도

나무가 시샘하는
가슴 안 들이키는 숲 향기
심장 고동치는
존재의 의미는 맑은 하늘

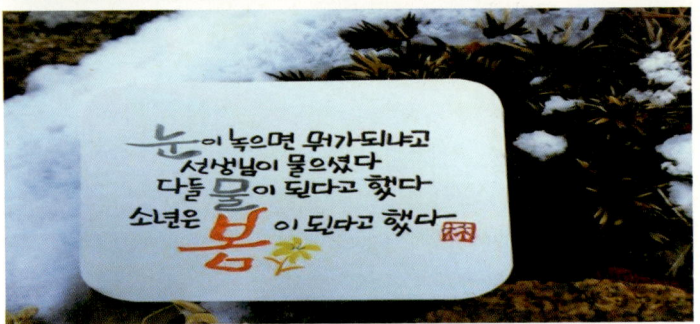

봄으로 2

긴 어둠 얼음의 시간 적시고
두 손의 한기 부딪는 오후에
시린 손 잡아 마디마디
언 손 녹여 봄 오는 들녘까지
따스한 온기
감사하나
꿈 하나 안고 가는 길
침묵의 공간에
긴 겨울은 가고 있다

소망 10

조는 가로등
포말로 안기는 하얀 빗줄기
내일 알리는 시침
마차는 서고
흐린 미소는
살아감의 이유하나
치열하였는가 묻고
저어보는 고개 위
부나방 어울려
외로운 불 하나 동무하고
소낙비 안고
산자를 힘주어 안는다

최인호의 인연

최인호 문학 반세기를 만든 추억과 인연들

"그대, 억겁의 세월을 건너 나에게 온 사람아."

남은 자

바람에 날리는 낙엽인지 모릅니다.
함께 머물다
어느 날(한 잎, 한 잎) 떠나는 것. 날리는 것
저무는 어느 봄날
가슴에 남겨진 한 조각 고엽
생의 흔적이었든 희망
남겨진 자들의 흐린 모퉁이
오늘은 유난히 태양이 따사롭습니다. 고마웠습니다.
가슴에 깊이 묻으며
따뜻했던 기억만 하렵니다.

하나 2

황금빛 벌판 끝 녘
널뛰는 메뚜기 떼
아이의 환한 미소
농로길 걸음은 멈추고

부여잡고 어루만지는 하나 있어,
올려다본 하늘 맑게 웃고
가을 들판이 손짓한다
걸어가라고

비겁

어제 죽은 이가 그렇게 소망하든
내일을 오늘 살아 걷고 있다

소중한 감사
나만 누리기 원하는 이기주의

꽃으로도 때리지 말라고,
만 원 한 장으로 생명을
살릴 수 있다고
아스피린 한 알이 없어 숨이 멈추는
양지의 뒷골목 생명의 소리
절규하는 음지의 아림을,
흐림으로 감는다
아프리카 오지 한 구릉이 소금에 절인
손가락 하나
하늘을 본다

길 2

흐른 시간과 장기 두고
하나 남은 졸 하나
서든데스에 들어간다
홀로코스트의 아우성이 시대를 덮고
페레스트로이카의 물결이 역사를 삼키고
적셔진 혁명가 흔들리는 긍지는
변절자의 노래만큼 빈 허공 울리고!

가을 들판 한가운데
이름 없는 산자로
남기를 소망함이 힘겨웁다
　　　〈2009〉

내려놓기

긴 시간 버스비 가물가물하였다.
지하철 어떻게 타야 하는지 몰랐다.
빈 가슴 세월 지나갈 때
삶의 언저리 하늘 바라보며
생각하지 못하였다 평안을
아리고 다리 저는 시간 가면서
삶의 노래는 없었다.

조금 일찍 내려놓음이 삶인 줄 알았다면
멍울과 아픈 하루 조금은 넘었을 것을
시간의 승패만 그리며 상처 난 가슴
밤이 길다

편지를 부치러 나갔다가 집에 돌아와 보니
주머니에 그대로 있으면 가을이다

먼 꿈

수고 했어요
어둠 내린 창가 속삭이는 한마디
녹아내리는 하루의 빈벽
삶의 내일 짧은 미소의 순간,

빈손으로 맞이하는 길목
길이 아파 벽보고 아려도
가냘픈 코스모스 웃어준 길
하늘 한번 바라볼 그 날 기다리지,

세월의 희미해진 자락
붉은 융단 위를 휘감던
감미로운 바람 같은 시간
코스모스의 꿈이었나보다

하나

호수 건너 산 푸름
"물결 타고 안긴다"

긴 호수 지나 높고 무거운 산
옮겨 놓은 고요의 물결
머리 숙여 맞닿은
푸른 나무 우산 되어 안아주고

그 사이 소로 길 산을 가져다주었다
하얀 미소가 간다
그림자를 사랑하는 하늘이
〈희망 그 반쪽〉

축 사

길고 지루하였던 여름의
뜨거움을 넘어

하늘 올려다보는 가을의 여유 그 문 앞에서 자연을 사랑하고 가꾸고 함께 하는 분들의 국제적인 행사인 대한민국반려식물미술품전시회를 사람과 같이 하는 반려식물이라는 따뜻함을 안고 진행함을 뜻 깊은 마음으로 축하드리며, 이 의미 있는 행사가 닫혀있는 현대인의 정서적 마음의 문을 자연과 함께 열고!
도시문화에 젖은 현대인의 가슴에 따뜻한 향수를 주며!
예술의 조화와 화훼인의 긍지와 소득증대를 이루는 계기를 만드는!
삶의 여유와 힐링의 동반자로 사람과 반려식물이 손을 잡고 문화발전을 창출해내는 새로운 장이 되리라 믿습니다.

사람과 자연이 함께 마음으로 가꾸고 우리 삶의 메마른 정서에 생명수를 주듯이 반려식물은 우리의 일부분을 넘어 동반자이자 정서적 자양분으로 곁에 있으며, 미래세대의 정신적 인성을 깨울 수 있는 함께 숨쉬고 있는 생명이기도 합니다.

따뜻한 뜻을 가진 모든 분의 가슴 가슴을 모아 진행하는 본 행사가 대한민국을 넘어 세계사 반려식물의 한 획을 긋는 출발점과 성공을 확신하며 소중하고 뜻 깊은 전시회를 위하여 큰 소명감으로 노력하시며 오늘 소중하고 귀한 이 자리를 만드신 회장님 이하 모든 분께 깊은 감사를 드리며, 행복과 하시는 모든 일에 따뜻함이 함께하시기를 기원하며 축사에 가름드립니다.
감사합니다.

2018년 9월 13일
(사)신경기운동중앙회 부총재
(사)용인시 녹색전국연합 상임고문
(사)용인시 장애인문화예술협회 고문
황성룡

만남

조는 가로등
남은 자와 떠난 자의 빈자리
함께 던진 호수의 동전은 남고
달은 간다.
빈 잔에 어리는 모습
꿈은 길고 멈추지 못하는
열차는 운다
고맙다고… 서지 않아서
살아감은 안지 못하는
기나긴 강인가 보다

설날 소망

하얀 밤이 꿈 안고 흐른다
낯익은 이름들 새벽을 깨우고
흔들리는 시대
혼돈의 계절
봄의 꽃을 향한 하루가 간다
자신의 틀에 역사를 쓰기 위한 치열함
어디까지 왔는지
왜 가는지
봄으로 가는 마차는
긴 겨울밤을 적시고
뿌리도 남지 않은 나무의 아픔은 아는지
새역사 쓰기에 허덕이는
극명하게 갈리는 너와 나는
언제나 맞추지 못하는 한 조각 퍼즐인가 보다
이 한랭의 겨울을 지나
머나먼 쏭바강의 끝
봄을 함께 가는 소명을 위하여 기도하자
다음 설날에는 따뜻한 미소로 함께 가자
이 벽을 넘어서서

〈문학고을선집〉

감사 3

봄 향기 유채색 4월을 넘고
남은 자의 소망이 간다

두 손 잡은 염원 속
산다는 이름으로 서 있는 모순,

존재와 자신을 내일에 물으며

당겨오는 머리,
경련으로 일그러진 균형도

씨앗에 생명을 던지는
오늘은 무심이다

조사결과 외면하는 탁상정책

11일 고양시 백석동 한국지역난방공사 고양지사에서 경찰 관계자들이 압수수색을 마치고 차량으로 이동하고 있다.

'고양 온수관 파열' 지역난방공사 압색

"점검일지 확보, 관리감독 조사"

고양 백석동 온수관 파열 사고를 수사하는 경찰은 11일 오전 10시부터 지역난방공사 고양지사 등 관련 기관에 대한 압수수색을 벌였다. 압수수색 대상은 난방공사 고양지사와 온수관 보수와 검사를 담당하는 하청업체 2곳이다.

경찰 관계자는 "하청업체들의 배관 점검 일지 등 자료를 확보해 평소에 관리와 점검이 어떻게 이뤄졌는지 등을 파악할 예정"이라며 "난방공사가 하청업체들에 어떻게 관리 감독했는지도 조사 대상"이라고 말했다. 앞서 경찰은 난방공사와 하청업체 관계자 10여명을 불러서 조사했다. 평소 배관 관리 실태와 사고 당일 온수관 유량 운용 등에 대해 집중 조사한 것으로 전해졌다.

또 현장에서 파열된 용접 철판과 사고 후 덧댄 철판을 회수해 규격과 용접 상태, 노후화 정도 등을 국과수에서 정밀 조사하고 있다. 조사 결과는 2주 정도 후에 나올 것으로 보인다. 이 사고로 사망자를 비롯해 수십명의 인명피해가 나온 만큼, 경찰은 수사를 통해 과실이 밝혀지면 관련자들을 업무상 과실치사 혐의로 입건한다는 방침이다.

앞서 지난 4일 오후 8시 40분께 일산동구 백석역 인근 도로에서 한국지역난방공사 고양지사 지하에 배관된 파열되는 사고가 났다. 이 사고로 1명이 숨지고 40여명이 화상을 입어 병원으로 옮겨졌다.

고양/김재영기자 kiyoung@kyeongin.com

신도시 '예고된 재앙' 결국 터졌다

(본문 내용 - 온수관 파열 사고 관련 상세 기사)

社說

인재로 판명난 고양 온수관 파열 사고

(사설 본문)

212

허공

시속 120km
시간은 5시 15분
따스한 홍차 한 잔 주고 싶었다
시간의 미동 넘을 수 없어
울대 넘기는 차 한잔 건네지 못했다
가을 단풍 한 잎 날려 보내며
토닥이며 간다
길이 없는 길을

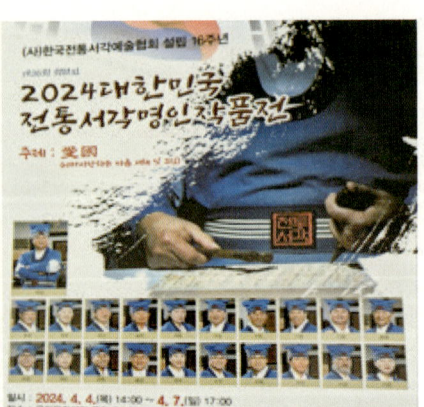
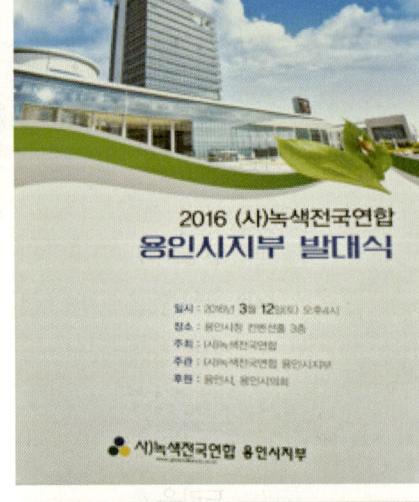

꿈의 끝

낙엽이 밟힌다
색바랜 단풍의 끝을 안고
겨울의 아침을 짊어지고 간다
지난하게 흐른 길목,
긴 강의 이야기,
한 조각 그림자
창밖에 드리운 햇살도 괜찮은가!
깊이 울리는 답하기 힘든 숙제
하늘 푸른 한기 보듬고
겨울은 가고 있다

봄길

정호승

길이 끝나는 곳에서도
길이 있다
길이 끝나는 곳에서도
길이 되는 사람이 있다
스스로 봄 길이 되어
끝없이 걸어가는 사람이 있다
강물은 흐르다가 멈추고
새들은 날아가 돌아오지 않고
하늘과 땅 사이의 모든 꽃잎은 떨어져도
보라
사랑이 끝난 곳에서도
사랑으로 남아 있는 사람이 있다
스스로 사랑이 되어
한없이 봄 길을 걸어가는 사람이 있다

봄비

김소월

어룰없이 지는 꽃은 가는 봄인데
어룰없이 오는 비에 봄은 울어라.
서럽다, 이 나의 가슴 속에는!
보라, 높은 구름 나무의 푸릇한 가지
그러나 해 늦으니 으스름인가.
애달피 고운 비는 그어 오지만
내 몸은 꽃자리에 주저앉아 우노라.

십자가十字架의 노래

조지훈

눈물 머금은 듯 내려앉은 잿빛 하늘에
오늘따라 소슬한 바람이 이는데
오랜 괴로움에 아픈 가슴을 누르고
말없이 걸어가는 이 사람을 보라.

뜨겁고 아름다운 눈물이 흩어지는 곳마다
향기로운 꽃나무 새싹이 움트고
멀리 푸른 바다가 솨하고 울어오건만
만백성의 괴로움을 홀로 짊어지고
죄없이 십자가에 오르는
이 사람을 보라.

弔鐘은 잠자고
침묵의 공간에 거미는 줄을 치는데
머리에 피맺힌 荊冠을 이고
풀어진 사슬 앞 새로 세운 십자가에
못박히는 수난자 이 사람을 보라.

칼과 몽치를 들고 온 무리에 나를 팔고자
내 뜨거운 가슴에 입맞추던 유다여
스스로의 뉘우침에 목을 매고 울어라
마음에는 원이로되 육신이 약하도다

닭 울기 전 세 번이나 배반한 베드로여
내려뜨린 검은 머리 창백한 뺨에
불타는 듯 비춰오는
이 골고다의 저녁노을을 보라.

이미 정해진 운명 앞에 내가 섰노라
겹겹이 싸여오는 원수 속에서
이제 다시 죽음도 새로울 리 없노니
亡滅할진저 亡滅할진저 십자가를 세운 者는 亡滅할진저
내 부활하는 날 온몸의 못자욱을 너는 보리라.

언제나 비최는 저 맑은 빛과
어데서나 피는 꽃 내 보람이여!
죽지 않으리 죽지 않으리
천 번을 못박아도 죽지 않으리.

이 절망 같은 언덕에 들려오는 것
바위를 물어뜯고 왈칵 넘치는
해일이여 마지막 물결 소리여!

아아 이 사람을 보라
죄 없이 십자가에 오른 나를 보라
이는 동방의 아들 평화의 왕
눈물과 양심 속에 촛불을 켜고
나를 부르라
다시 오리니
하늘이여 열리라 이 사람을 보라

눈 감고 간다

윤동주

태양을 사모하는 아이들아
별을 사랑하는 아이들아

밤이 어두웠는데
눈 감고 가거라.

가진 바 씨앗을
뿌리면서 가거라.

발부리에 돌이 채이거든
감았던 눈을 와짝 떠라.